Einsterns Schwester

leicht gemacht

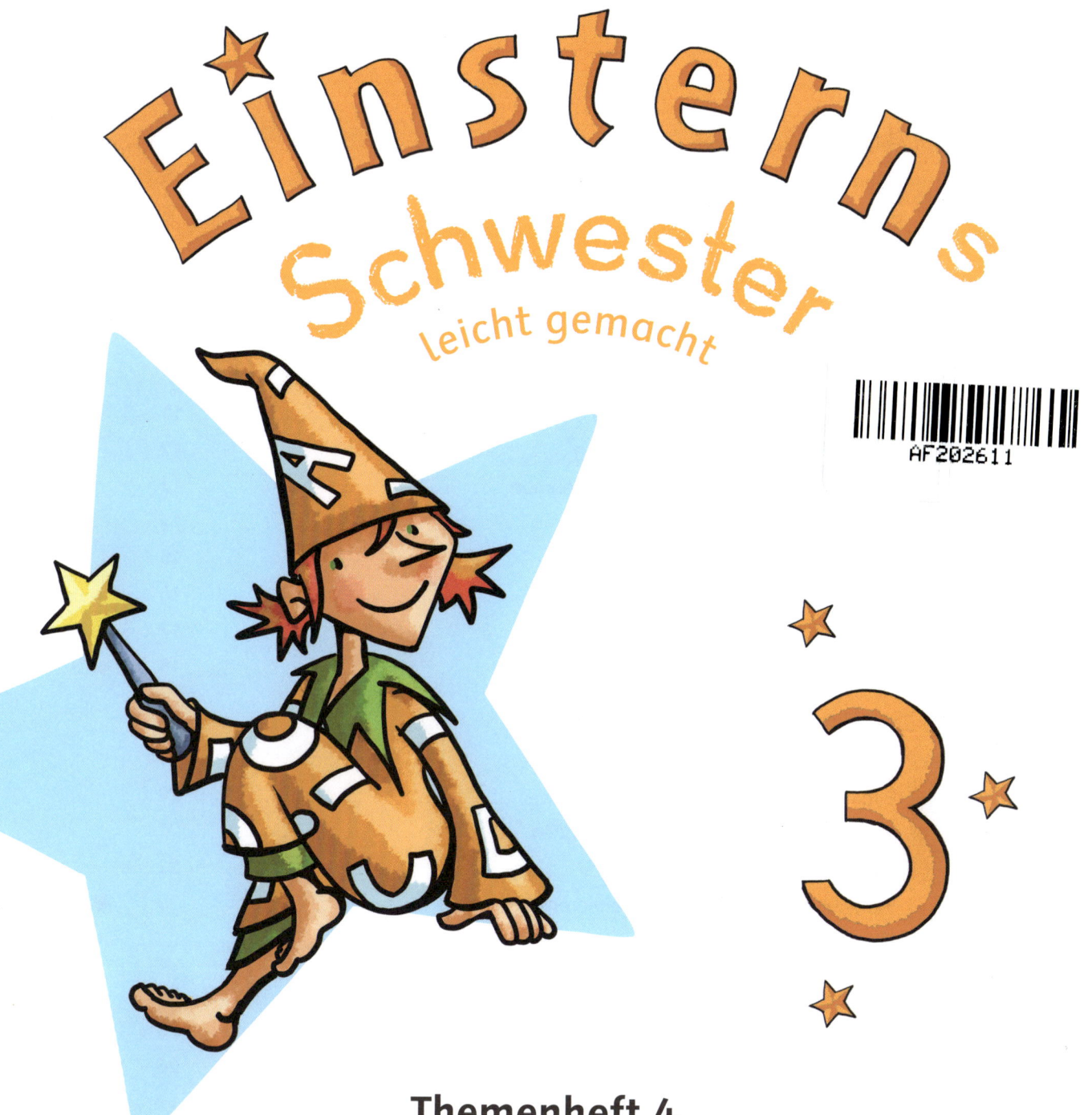

3

Themenheft 4

★ Lesen – mit Texten und
weiteren Medien umgehen

Herausgegeben von
Roland Bauer, Jutta Maurach

Erarbeitet von
Wiebke Gerstenmaier, Sonja Grimm, Martina Schramm

In Zusammenarbeit mit
der Redaktion Grundschule Deutsch 2–4

Cornelsen

AF202611

Inhaltsverzeichnis

Ich bin Lola und helfe dir mit Profitipps.

So kannst du mit den Heften arbeiten

Du machst alle
Seiten der Lernportion 1.

| Zuerst im grünen Heft. | Dann im roten Heft. | Dann im gelben Heft. | Und dann im blauen Heft. |

 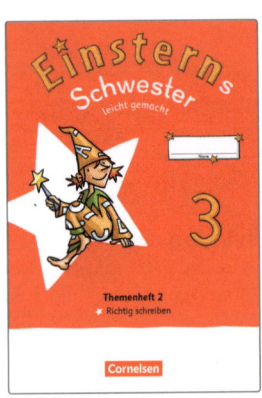  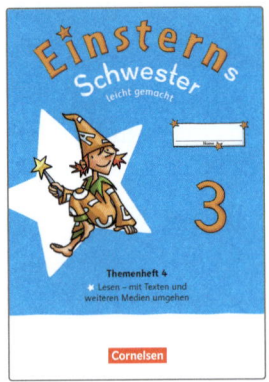

Danach machst du in
allen Heften die Lernportion 2.

Nun machst du in
allen Heften die Lernportion 3.

Genauso bearbeitest du
alle anderen Lernportionen.

In diesem Heft
kannst du den
Grundwortschatz
vertiefend üben.

① Übe leise, die Wörter zu lesen.

Enten
Quietscheenten
Quietscheentenrennen

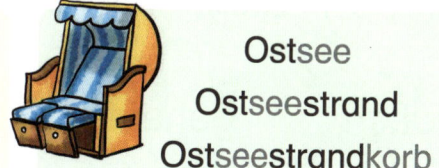

Ostsee
Ostseestrand
Ostseestrandkorb

② Übe leise, die Sätze zu lesen.

Tim liest.
Tim liest ein Buch.
Tim liest ein Buch über Delfine.
Tim liest ein Buch über Delfine und Wale.

Lisa spielt.
Lisa spielt mit Tim.
Lisa spielt mit Tim Fußball.
Lisa spielt mit Tim Fußball am Strand.

Koki findet.
Koki findet Geld.
Koki findet Geld im Sand.
Koki findet Geld im Sand und lacht.

Mach eine kleine Pause nach jeder Zeile!

 ③ Lies die Wörter und Sätze aus ① und ② einem Kind vor.

 ④

Lola schwimmt.

Lola schwimmt oft.

Lola schwimmt oft im …

1 Lies die Wörter.
Markiere im zweiten Wort, was anders ist.

falten fallen	gehen geben	Tonne Tanne	Sieger Siegel
Moor Moos	Zange Zunge	Kasten Kisten	müssen küssen
Hase Hose	kämmen kommen	lassen hassen	Schutz Schatz

Lass dir Zeit!

2 Finde in jeder Reihe das falsche Wort und streiche es durch.

→ blinken blinken blinken blinken hinken blinken blinken blinken

→ blinken Blinker blinken blinken blinken blinken blinken blinken

→ blinken blinken blinken blinken blinken blinken blinken blicken

→ blinken blinken blinken winken blinken blinken blinken blinken

3 Lest abwechselnd Zeile für Zeile. Übt mehrmals.

lange Stange Kasten bange Rand Kante fast Art Zange wandern

Lenker Ring bringen winken Henkel singen trinken wickeln

küssen wissen Bus Gruß Liste trüb Füße müssen grün

Arbeit albern Angst arm Ärmel am Amsel angeln alt Anker

Wecker lecken Bretter kleckern Kekse petzen jetzt fett Werk

heißen heizen Reiz Riese beißen Geier kreischen kriechen

① Lies die Wörter. Übe mehrmals.

ob	in
ab	im
als	auf
aus	aber
jetzt	Eltern
trotz	albern
raus	Bücher
darum	drinnen
warum	schlafen
weshalb	Maikäfer
Bücherei	schaukeln
Trampeltier	Autoreifen
Lattenzaun	Schulferien
Warteraum	Grundschule
Bergsteiger	Schwimmhalle
Blumenwiese	Gartenpflanzen
Gartenzwerg	Unterrichtsstunde

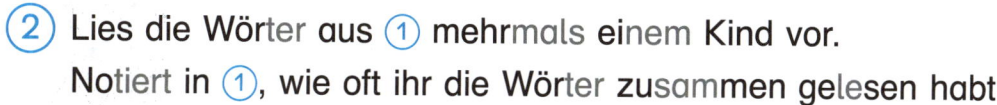 ② Lies die Wörter aus ① mehrmals einem Kind vor.
Notiert in ①, wie oft ihr die Wörter zusammen gelesen habt.

① Lies den Text. Übe mehrmals.

Eierbrei

Eines Morgens machen sich die beiden
Osterhasen Heiner und Heinz auf,
um bei den Hühnern von Bauer Meier
dreiunddreißig Eier für die
Osterfeier abzuholen.
Auf dem Heimweg stolpern
die zwei über einen Stein.
„Das ist doch einerlei", meint Heiner,
„dann gibt es dieses Jahr einfach Rührei."

② Übt, den Text aus ① gemeinsam im gleichen Tempo zu lesen.

③ Übe, den Witz flüssig zu lesen.

Ein Rasenmäher und ein Schaf
stehen auf einer Weide.
Macht das Schaf: „Mäh!"
Sagt der Rasenmäher: „Mäh doch selber!"

④ Lies den Witz aus ③ einem Kind vor.

Erzähle den Witz
mal jemandem!

1 Zu jedem Satz gehört ein Bild.
Nummeriere die Bilder passend.

1	2	3
Ein dicker rot-weißer Turm steht auf einer kleinen Insel aus Sand.	Ein dicker rot-gelber Turm steht auf einer großen Insel aus Sand.	Ein dicker rot-gelber Turm steht auf einer kleinen Insel aus Felsen.

4	5	6
Ein dünner rot-gelber Turm steht auf einer großen Insel aus Sand.	Ein dünner rot-weißer Turm steht auf einer kleinen grauen Insel aus Felsen.	Ein dicker rot-weißer Turm steht auf einer großen grauen Insel aus Felsen.

S

R

1 W

S

A

E

2 Schreibe das Lösungswort zu 1 auf.

1	2	3	4	5	6

W

1 Streiche in jedem Absatz zwei Wörter, die nicht passen.

Auf der Wiese

1 Auf der Wiese ist viel los kalt. Besonders runde
im Frühling und im Sommer fliegen und krabbeln
viele kleine Tiere umher.

Die Bienen Netze fliegen auf die Blüten und saugen
5 Nektar. An ihren Beinen bleiben Pollen hängen. Dann
kochen fliegen sie zur nächsten Blüte.

Wenn es nicht zu sonnig ist, kommt die Schnecke aus
ihrem Spinne Haus. Sie kriecht durch das Gras.
Aus ihren Eiern schlüpfen viele kleine Autos Schnecken.

10 Dieser Käfer hat sechs Tassen Beine. Er kann viele
Mäuse Läuse fressen. Man sieht ihn oft im Garten.
Er hat sieben Punkte auf dem Rücken.

2

Die Biene lacht summt laut.

Das Wort **lacht** muss weg.

① Lies die Wörter und Texte.

1 Terminzettel	2 Rezept
3 Anzeige	4 Fahrkarte
5 Einladung	6 Kassenzettel
7 Prospekt	8 Eintrittskarte

S
Junge Familie mit Kind sucht Wohnung mit 3 Zimmern und mit Stellplatz und Balkon.
✉ unter Z 137856 an den Verlag

E
PIZZA

Teig für Pizza
(ein großes Blech):

500 Gramm Mehl

1 Tüte Hefe

2 Teelöffel Salz

250 ml warmes Wasser

4 Esslöffel Öl

E
Buchhandlung Sternenstaub
Valentinstr. 9, 60311 Frankfurt/Main
Tel.: 069/9000 9000
www.sternenstaub-buecher.beispiel

Jim Knopf und Lukas der Lokomotivführer	15,00 EUR
Die kleine Hexe	12,00 EUR
Ferien im Möwenweg	15,00 EUR
SUMME:	**42,00 EUR**
BAR:	50,00 EUR
ZURÜCK:	8,00 EUR

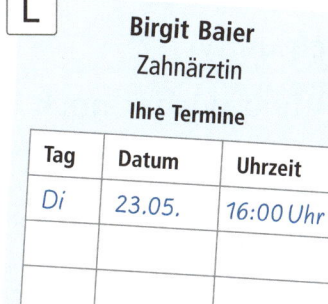

L

Birgit Baier
Zahnärztin
Ihre Termine

Tag	Datum	Uhrzeit
Di	23.05.	16:00 Uhr

Schwimmbad
Tageskarte Kino
4,50 Euro
T

Bergbahn
Erwachsene
10,50 EUR
gültig bis 01.10.2025
E

I
Der Odenwald

Viel Spaß
in den
Ferien

Z
Liebe Eltern der Klasse 3a,
wir möchten euch herzlich zu unserem Fest am Freitag, dem 16.11., um 16 Uhr in unsere Klasse einladen.
Bitte meldet euch bis zum 10.11. an.
Eure Klasse 3a

② Ordne die Wörter und Texte zu. Notiere das Lösungswort.

1	2	3	4	5	6	7	8

L _ _ _ _ _ _ _ _

① Lies die Teile der Anleitung mehrmals.

Einen Becher basteln

| 1 | Falte ein Blatt Papier so, dass die untere Kante genau auf der Seitenkante liegt. |

| 2 | Schneide dann den Papierstreifen oberhalb des entstandenen Dreiecks ab. Lege das Dreieck mit der offenen Spitze nach oben. Falte die offene Spitze nach unten bis zur Kante des Dreiecks und wieder nach oben. So erhältst du eine Markierung. |

| 3 | Falte jetzt die linke Spitze so, dass ihre obere Kante genau an der Markierung liegt. Falte danach die rechte Spitze ebenso. Sie deckt die linke Spitze nun teilweise ab. |

| 4 | Falte die beiden oberen Spitzen nach unten, eine davon nach vorne, die andere nach hinten. Fertig ist der Becher. |

② Verbinde die Texte und Bilder in **①**.

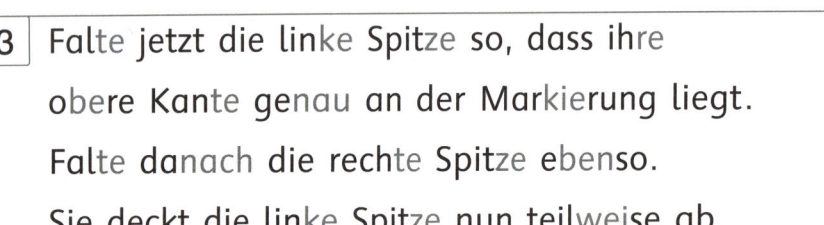 **③** Bastelt den Becher aus **①** nach der Anleitung.

Kann man aus dem Becher Wasser trinken? Probiert es aus!

① Lies das Interview und die Fragen.

Unterstreiche die Stellen, die zu den Fragen passen.

Spannende Berufe: Stephan Paspalaris ist Tierpfleger

Von Stefanie Köhler

Dieser Mann muss sich ziemlich viel Mist ansehen – denn Stephan Paspalaris ist der Chef vom Schaubauernhof. Mit sechs Kollegen kümmert er sich um 110 Tiere wie Esel, Trampeltiere, Ziegen und Schafe.

Herr Paspalaris, welche Aufgaben haben Sie als Tierpfleger?

Ich kümmere mich darum, dass neue Tiere auf den Bauernhof kommen, und verkaufe andere. Außerdem muss ich die Ställe und Außengehege putzen, die Tiere reinigen, Hufe auskratzen, sie striegeln und füttern.

Die Putzarbeit klingt echt anstrengend.

Das ist sie auch. Wir beginnen um 7 Uhr die Ställe auszumisten, die Tiere zu putzen und zu füttern.

Wie oft bekommen die Tiere Futter?

Die meisten Tiere füttern wir nur morgens. Der Trog der Kühe ist dagegen immer gefüllt. Die Ponys und Esel bekommen abends nochmals was. Auch die Hirsche und Trampeltiere kriegen ein Betthupferl wie einen Apfel.

Bleibt Ihnen Zeit, die Tiere zu streicheln?

Wenig. Aber das ist nicht schlimm, weil die Besucher viele Tiere im Streichelzoo knuddeln.

Haben Sie bei Ihrer Arbeit auch mit gefährlichen Tieren zu tun?

Von den Wisenten, Hirschen, Wildschweinen oder Wildpferden halten wir uns fern, weil sie Wildtiere sind.

Welche Tiere sind am frechsten?

Die Kühe stellen sich gerne auf den Wasserschlauch, wenn wir den Stall ausspritzen. Sie wissen, dass wir uns ärgern, wenn kein Wasser mehr fließt. ◇

a) Welchen Beruf hat Stephan Paspalaris?

b) Um wie viele Tiere kümmern sich Herr Paspalaris und seine Kollegen?

c) Wann beginnt morgens die Arbeit?

d) Welche Tiere sind gefährlich?

e) Wie ärgern die Kühe oft die Pfleger?

In einem **Interview** (sprich: Interwju) werden Menschen befragt.

① Lies das Märchen.

Der kleine Hirte¹

1 Es war einmal ein kleiner Junge.

Er war ein Hirte und er war sehr schlau.

Auf alle Fragen konnte er eine Antwort geben.

Der König hörte davon. Deshalb ließ er den

5 Jungen in sein Schloss kommen.

Der König sagte zu ihm: „Ich habe drei Fragen

an dich. Wenn du die Antworten weißt,

darfst du mit mir in meinem Schloss wohnen.

Der Junge fragte: „Wie lauten

10 die drei Fragen?"

Der König sagte: „Wie viele Tropfen Wasser sind

im Meer?"

Der kleine Hirte sagte: „Herr König, lasst alle

Flüsse der Erde verstopfen. Es darf kein Tropfen

15 mehr daraus ins Meer fließen. Dann kann ich

die genaue Antwort geben."

¹Hirte: kümmert sich um eine große Gruppe von Tieren, zum Beispiel Schafe

Der König staunte und fragte dann: „Wie viele
Sterne stehen am Himmel?"

Der Junge sagte: „Ich brauche einen großen Bogen
20 Papier und Tinte." Als er beides erhalten hatte,
malte der kleine Hirte viele kleine Punkte auf das
Papier. Immer mehr wurden es. Und noch mehr.
Dann sagte der kleine Hirte: „Nun könnt
ihr die Punkte zählen. Dann wisst ihr
25 auch, wie viele Sterne am Himmel
stehen." Doch niemand konnte die
vielen Punkte zählen.

Die dritte Frage des Königs war: „Wie viele
Sekunden hat die Ewigkeit?"

30 Der Junge sagte: „Es gibt weit von hier einen
Berg. Er ist sehr hoch. Alle hundert Jahre kommt
ein Vogel. Er wetzt seinen Schnabel an dem Berg.
Wenn der ganze riesige Berg abgewetzt ist, dann
ist eine Sekunde der Ewigkeit vorbei."

35 Der König staunte und sagte: „Das waren sehr
kluge Antworten. Deshalb sollst du von nun an
in meinem Schloss wohnen. Du sollst es dort
gut haben."

nach den Brüdern Grimm

 ② Erzähle das Märchen aus ① einem Kind.

① Stelle ein eigenes Märchen zusammen. Kreuze dazu jeweils eine Zeile an.

Es war einmal

○ ein altes Mütterlein.

○ ein mutiges Töchterlein.

○ ein fröhliches Knäblein.

Obwohl es sehr arm war, lebte es zufrieden

○ mit seinen Ziegen in einem Stall.

○ mit seinen drei Brüdern in einer kleinen Hütte.

○ mit seinen Hühnern und Gänsen am Rand des Waldes.

Alle mochten es gern, denn

○ es war lieb und gut.

○ es war nett und fröhlich.

○ es wusste immer einen guten Rat.

Eines Tages, als es Holz sammelte, traf es ein

○ Männlein mit weißem Bart.

○ weißes Täubchen.

○ fremdes Kind.

Das reichte ihm

○ einen alten Schlüssel

○ eine goldene Münze

○ eine graue Feder

und sprach:

○ „Lege dies in der Nacht unter dein Bett!"

○ „Vergrabe dies hinter deiner Hütte!"

○ „Schenke dies dem Nächsten, den du triffst!"

Es tat dies. Und als es am nächsten Morgen wach wurde,

stand da ein schöner Prinz. Er sprach:

○ „Du hast mich erlöst. Nun hast du drei Wünsche frei."

○ „Du hast mich gerettet. Ab heute sollst du in meinem Schloss wohnen."

○ „Du hast mich erlöst. Ich will dir mit Gold und Silber danken."

Und wenn sie nicht gestorben sind, so leben sie noch heute.

② Lies dein Märchen aus **①** einem Kind vor.

1 Lies den Text.

Märchen gibt es in allen Ländern der Welt. Es sind fantasievolle
Geschichten, in denen Tiere oder Dinge sprechen können.
Es gibt Hexen, Riesen oder auch Zwerge. Die Figuren im Märchen haben
es oft nicht leicht. Sie müssen Aufgaben lösen oder Gefahren überstehen.
Am Ende siegt dann das Gute.
In Märchen spielen oft die Zahlen Drei, Sieben und Zwölf eine große Rolle.
Es kommen auch Sprüche oder Reime vor. Am Anfang heißt es oft:
Es war einmal … Auch am Schluss gibt es oft besondere Sätze.
Märchen wurden früher nur erzählt. Die Brüder Grimm haben viele
Märchen vor mehr als 200 Jahren aufgeschrieben. Im Jahr 1812
erschienen die von den Brüdern gesammelten Märchen als Buch.

2 Unterstreiche in ① farbig:

a) wo es Märchen gibt,

b) was Märchen sind,

c) was Figuren im Märchen tun müssen.

3 Kreuze zu ① an, was stimmt.

Vier Sätze stimmen.

○ Märchen gibt es in allen Ländern der Welt.

○ Im Märchen siegt meist das Böse.

○ Zahlen spielen im Märchen eine große Rolle.

○ Die Drei, die Fünf und die Zehn kommen oft vor.

○ Auch Reime und Sprüche kommen im Märchen oft vor.

○ Märchen wurden früher von Kindern aufgeschrieben.

○ Die Brüder Graus haben Märchen gesammelt.

○ Im Jahr 1812 erschienen die Märchen der Brüder Grimm als Buch.

① Lies den Lebenslauf von Stephen Hawking.

Ein **Lebenslauf** zeigt wichtige Ereignisse in einem Leben.

1942 Stephen Hawking (sprich: Stiewen Hoking) wird in der Stadt Oxford in England geboren.

1962 An der Uni erhält Stephen seinen Abschluss in Mathe und Physik. Danach studiert er Kosmologie.

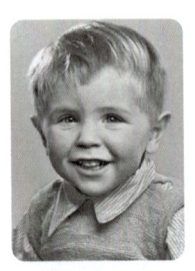

1963 Stephen hat eine sehr schlimme Krankheit. Seine Muskeln werden immer schwächer. Bald braucht er einen Rollstuhl. Später kann er sich nur noch mit Hilfe eines Computers verständigen.

1965 Stephen heiratet seine Freundin Jane. Das Paar bekommt drei Kinder.

1988 Stephens Buch „Eine kurze Geschichte der Zeit" erscheint. Er schreibt darin über das Weltall. Stephen macht wichtige Entdeckungen und wird sehr berühmt.

2018 Stephen stirbt im Alter von 76 Jahren zu Hause in England.

② Kreuze nur die Sätze zu ① an, die stimmen.

○ Stephen Hawking wird in England geboren.

○ Im Jahr 1962 erhält er den Abschluss in Mathe und Physik.

○ Im gleichen Jahr heiratet er seine Freundin.

○ Sein Buch „Eine kurze Geschichte der Zeit" erscheint 1988.

○ Im Jahr 2018 stirbt Stephen zu Hause in Amerika.

① Seht euch die Bilder an. Tauscht euch dazu aus.

   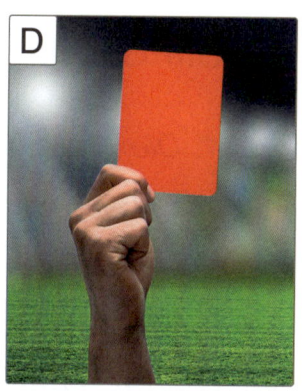

② Lest die **Über**schrift und die *Zwischenüberschriften*.
Vermutet, worum es in jedem Abschnitt gehen könnte.

Die Geschichte des runden Leders

1. *Die Anfänge des Fußballspiels*

2. *Wie der Fußball nach Deutschland kam*

3. *Ohne Regeln geht es nicht!*

4. *Die ersten WM-Titel für Deutschland*

> *Zwischenüberschriften* passen zum Inhalt eines Textabschnitts.

③ Lies den Text auf Seite 20.
Kreuze an, ob eure Vermutungen aus ② stimmen.

 ◯ ja ◯ nein

④ Bildunterschriften erklären, was auf Bildern zu sehen ist.
Ordne die Bildunterschriften den vier Bildern aus ① zu.

| Die Helden von Bern | B |

| Platzverweis |

| Konrad Koch brachte den Fußball nach Deutschland |

| Fußball – ein sehr altes Spiel |

① Ordne den Abschnitten die Bilder A bis D von Seite 19 zu.

Die Geschichte des runden Leders

1. Die Anfänge des Fußballspiels

Schon vor über 4000 Jahren wurde in China

eine Art Fußball gespielt. Auch die Maya und

Azteken in Südamerika kannten eine Art Fußball,

ebenso die Römer und Griechen.

Bild

2. Wie der Fußball nach Deutschland kam

In Deutschland wurde 1874 in Braunschweig

zum ersten Mal Fußball gespielt.

Der Lehrer Konrad Koch hatte von dem Spiel gehört,

das in England gespielt wurde, und führte es an seiner Schule ein.

Die Schüler fanden es toll.

Bild _____

3. Ohne Regeln geht es nicht!

Die ersten Regeln für das Spiel wurden 1863

in England aufgestellt. 1970 wurde bei einer WM

erstmals die Rote Karte eingesetzt. Auf die Idee kam

ein englischer Schiedsrichter, als ein Spieler

die mündliche Anweisung nicht verstand.

Bild _____

4. Die ersten WM-Titel für Deutschland

Seit 1930 gibt es eine Weltmeisterschaft im Fußball.

1954 wurde die deutsche Mannschaft zum ersten Mal Weltmeister.

Ganz Deutschland feierte die „Helden von Bern".

Seit 1991 gibt es auch eine Weltmeisterschaft der Frauen.

Die deutschen Frauen holten dort 2003 zum ersten Mal den Titel.

Bild _____

1 Lies die Texte.

Dann gruben wir uns in das Heu ein. Es roch herrlich, aber es pikste auch. Nachdem wir uns in die Pferdedecken eingewickelt hatten, lagen wir aber richtig gut.

Da sind nur die drei Höfe: der Nordhof, der Mittelhof und der Südhof. Und nur sechs Kinder: Lasse und Bosse und ich und Ole und Britta und Inga.

Wir Kinder aus Bullerbü gehen alle zusammen zur Schule. Wir müssen schon um sieben von zu Hause weggehen, denn wir haben ja einen weiten Weg.

Dann besuchten wir alle Großvater und erzählten ihm, dass wir uns verkleidet hätten. Er konnte es ja leider nicht selbst sehen. Aber wir spielten ihm Theater vor, ein Theaterstück, das wir uns selber ausdachten. ◇

Astrid Lindgren

2 Schreibe über jeden Text in ① die passende Überschrift.

| Wir sind sechs Kinder | Ein weiter Weg zur Schule |

| Eine Nacht im Heu | Wir besuchten den Großvater |

① Sieh dir die Fotos an.
Vermute, worum es auf dieser Seite geht.

② Lies den Text.

Flusspferde

Die Heimat der Flusspferde ist Afrika.
Sie leben in Gebieten mit Seen und Flüssen.
Erwachsene Tiere können von der Schnauze bis
zum Schwanz mehr als vier Meter lang werden.
Sie wiegen bis zu 3500 Kilogramm.

Am riesigen Kopf sitzen die Augen, Ohren und die
Nase so weit oben, dass sie aus dem Wasser heraus-
ragen, auch wenn das Tier untergetaucht ist.
Die großen Eckzähne im Unterkiefer werden oft
bis zu 50 Zentimeter lang.

Erwachsene Flusspferde fressen bis zu
50 Kilogramm Pflanzen am Tag.
Die Kühe bringen meistens nur ein Kalb
zur Welt, selten sind es zwei Kälber.

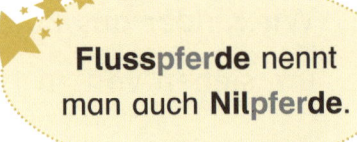

Flusspferde nennt man auch **Nilpferde**.

③ Unterstreiche in ② farbig:

a) wo die Heimat der Flusspferde ist,

b) wie lang die Eckzähne der Flusspferde werden,

c) wie viele Kälber Flusspferde zur Welt bringen.

Eine **Suchmaschine** findet Seiten im Internet.
Mit einem Klick auf einen **Link** kommst du auf eine neue Seite.

① Sieh dir die Seite der Kindersuchmaschine an.

LOLA SUCHT
Die Suchmaschine für Kinder

Startseite Surftipps Schreib Lola!

Ich suche: Klimaschutz   Los!

Was ist Klimaschutz?
https://www.lola-lexikon.beispiel.de/klimaschutz
Menschen, Tiere und Pflanzen brauchen ein gutes Klima. Können wir Menschen etwas tun, um das Klima zu schützen? Lies hier mehr darüber!

So kannst du etwas für den Klimaschutz tun
https://www.hilfdemklima.beispiel.de
Du möchtest etwas für das Klima tun? Super! Hier haben wir für dich viele Ideen gesammelt, mit denen du gleich heute anfangen kannst. [...]

② Markiere die passenden Stellen in ①.

a) Name der Suchmaschine

b) Wort im Suchfeld

c) Link zu einer Erklärung im Lexikon

d) Tipps für die Suche im Internet

e) Nachrichten an Lola

Lernportion 3: Texte überblicken und verstehen

Plenum: sich über die eigene Internetnutzung austauschen
MK: Eigenschaften von Internetseiten kennenlernen
MK-Tipp: eine Kindersuchmaschine im Internet anschauen und mit der Vorlage vergleichen

D 39   **23**

① Lies den Text.

Die Opodeldoks aus dem Grasland

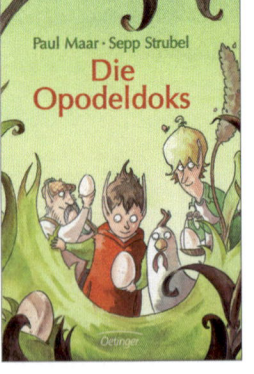

1 Weit, weit weg – etwa auf halber Strecke zwischen

Donnerstag und dem Nordpol – liegt das Grasland.

Dort wohnen die Opodeldoks.

Im Grasland wächst viel Gras. Es gibt da Hafergras

5 und Flattergras, Borstengras und Zittergras, Rispengras

und Lispelgras und zweiundneunzig andere Grassorten.

Aber es gibt wirklich nur Gras. Nicht einmal ein Busch

wächst da, geschweige denn ein Baum.

Gras ist wirklich wichtig für die Opodeldoks.

10 Es ist kaum zu glauben, was sie alles daraus machen können!

Sie flechten Teppiche und Decken aus Grashalmen und weben

herrliche Stoffe aus getrockneten Gräsern.

Ihre Kleider bestehen aus fein gesponnenen Grasfasern, und

die vielen großen Kissen, die sie aus Graswolle stricken, werden

15 natürlich mit duftendem Heu gefüllt.

Die vielen Kissen brauchen sie für den Boden ihrer Schlafhöhle. ◇

Paul Maar, Sepp Strubel

② Unterstreiche im Text zu ① farbig:
Unterstreiche in den passenden Farben.

a) wo das Grasland ist,

b) welche Arten von Gras im Grasland wachsen,

c) was die Opodeldoks aus Gras herstellen,

d) wofür die Opodeldoks Kissen brauchen.

1 Lies das Inhaltsverzeichnis. Beantworte die Fragen.

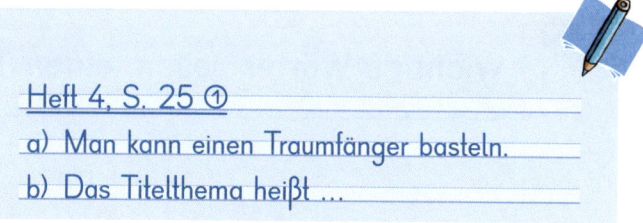

Heft 4, S. 25 ①
a) Man kann einen Traumfänger basteln.
b) Das Titelthema heißt …

a) Was kann man basteln?

b) Wie heißt das Titelthema
dieser Ausgabe?

c) Ab welcher Seite gibt es Tipps
zum Lesen und Spielen?

d) Wie heißt der Artikel über die Muskeln?

e) Milan liebt Tiere. Welche Seiten
wird er wohl aufschlagen?

f) Rani will etwas über Kinder
in anderen Ländern lesen.
Welche Artikel sind für sie interessant?

2 Schreibe auf, welche Seite
aus ① du zuerst aufschlagen
würdest. Begründe.

Heft 4, S. 25 ②
Ich würde zuerst Seite … aufschlagen, weil …

> **Wichtige Wörter** helfen, **einen Text zu verstehen.**

Die Lupen im Text weisen auf einzelne oder mehrere wichtige Wörter hin.

① Lies den Text.
Unterstreiche die wichtigen Wörter bei den Lupen.

Der Steinadler

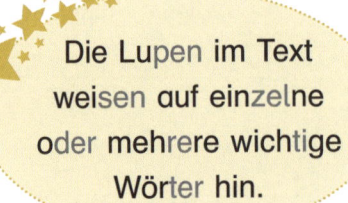

1 Der Steinadler ist ein Greifvogel. Weil er so gut fliegen kann,

wird er auch „König der Lüfte" genannt.

Er kann bis zu 20 Jahre alt werden.

Der Steinadler ist bei uns die zweitgrößte Adlerart.

5 Nur Seeadler sind etwas größer.

Ein Steinadler hat braune Federn und einen

weiß-schwarzen Schwanz. Er hat auch einen krummen Schnabel.

Seine gelben Krallen sind sehr scharf und helfen ihm

bei der Jagd. Auch seine guten Augen sind bei der Jagd

10 sehr wichtig. So sieht er die Beute auch aus großer Höhe.

2 Lies den Text.
Unterstreiche wichtige Wörter.

Der Steinadler <u>frisst gern kleine Tiere</u> wie Hasen,

Murmeltiere oder Mäuse. Da er

sehr kräftig ist und mit seinen Krallen

und seinem Schnabel gut zupacken kann,

15 erbeutet er aber auch größere Tiere

wie Füchse oder Rehkitze. Adler greifen

ihre Beute immer aus der Luft an.

Die Vögel lieben einsame Gegenden mit Felsen.

Es gibt nicht mehr viele Steinadler in Deutschland.

20 In Bayern leben noch etwa 50 Paare dieser großen Vögel.

3 Kreuze an, was stimmt.

Vier Sätze stimmen.

○ Steinadler sind Greifvögel.

○ Steinadler jagen aus der Luft.

○ Steinadler sind größer als Seeadler.

○ Steinadler haben einen krummen Schnabel.

○ Steinadler haben scharfe Krallen und gute Augen.

○ Steinadler können nur kleine Tiere erbeuten.

4 Erzähle einem Kind, was du nun über den Steinadler weißt.
Nutze die unterstrichenen Wörter aus ① und ②.

(1) Lies den Text mehrmals.

Die magische Zoohandlung

1 Mortimer Morrison pfiff vergnügt durch die Zähne, als

das gelbe Warnschild am Straßenrand auftauchte:

Vorsicht – Kängurus kreuzen den Weg!

Unbedingt wollte Mortimer Morrison ein Känguru

5 in seiner magischen Zoohandlung haben.

Viel Zeit blieb ihm nicht mehr. Bald würde ihn die Fähre

mitsamt seinem Omnibus nach Hause bringen.

Ein Dingo lag zusammengerollt auf dem Beifahrersitz.

Ein Emu streckte hinter ihm seinen langen Hals zum Fenster hinaus.

10 Ein Schnabeltier döste zufrieden vor sich hin und störte sich nicht

daran, dass eine kleine muntere Springbeutelmaus auf seinem Bauch

auf und ab hüpfte.

Nette magische Tiere, doch, doch. Fehlte nur noch ein Känguru!

Der Omnibus rollte auf dem schnurgeraden Highway dahin.

15 Da vorne, eine Känguru-Herde! Mortimer Morrison trat auf die Bremse,

riss die Fahrertür auf und brüllte: „Ich bin's, Mortimer Morrison!

Inhaber der magischen Zoohandlung! Kann mich jemand hööören?"

Die Herde hüpfte ungerührt weiter.

Enttäuscht kehrte Mortimer Morrison zu seinem Bus zurück.

20 Dass durch die offen stehende Tür ein kleiner Haarnasenwombat

hereingetapst war, bemerkte er erst viel später. ◇

Margit Auer

(2) Markiere in (1) diese Tiernamen: **Dingo, Emu, Schnabeltier,
Springbeutelmaus, Haarnasenwombat.**

③ Finde die Wörter in ①. Notiere die Nummer der Zeile.

| Bremse | Fahrertür | hereingetapst |

Zeile _____

Zeile _____

Zeile _____

④ Schreibe kurze Antworten auf.

ⓐ Was für einen Laden hat Mortimer?

Er hat eine _____

ⓑ Mit welchem Fahrzeug ist Mortimer unterwegs?

Mit _____

ⓒ Was steht auf dem Warnschild?

_____

ⓓ Warum freut sich Mortimer über das Schild?

_____

_____

ⓔ Wie kommt der Haarnasenwombat in den Bus?

_____

_____

1 Male jedes Zeichen und seine Bedeutung in der gleichen Farbe aus.

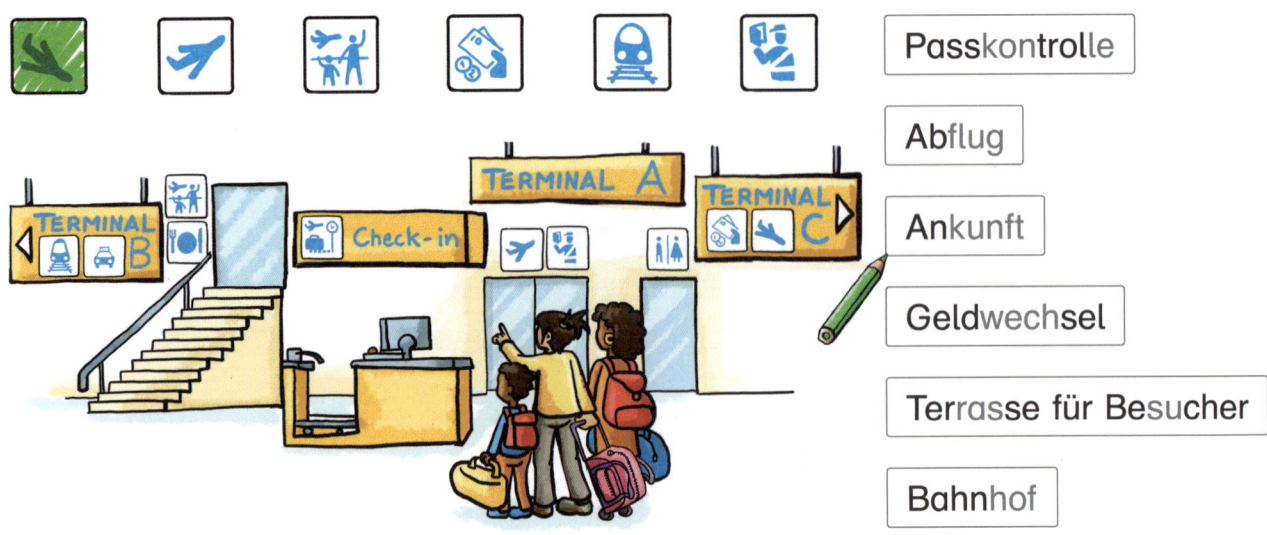

Passkontrolle

Abflug

Ankunft

Geldwechsel

Terrasse für Besucher

Bahnhof

2 Schreibe die Antworten zum Bild auf.

a) In welchem Terminal ist die Passkontrolle?

Terminal _____

b) Welche Verkehrsmittel erreicht man über Terminal B? _____

c) In welchem Terminal kann man Geld wechseln? _____

3 Kreuze an, was zur Bordkarte passt.

○ Name der Reisenden: Hanna Blume

○ Abflug am 24. Dezember

○ Sitz in Reihe 14

○ Flug am Nachmittag

○ Reise mit Gepäck

○ Abflug am Terminal B

> Mit einem Smartphone kann man **Infos finden**, zum Beispiel wann Züge fahren.

1 Lies die Infos zu den Zügen.
Notiere die Antworten im Heft.

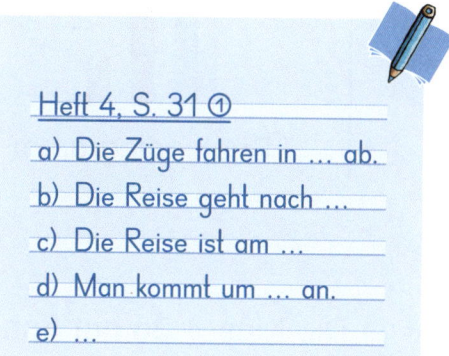

Heft 4, S. 31 ①
a) Die Züge fahren in … ab.
b) Die Reise geht nach …
c) Die Reise ist am …
d) Man kommt um … an.
e) …

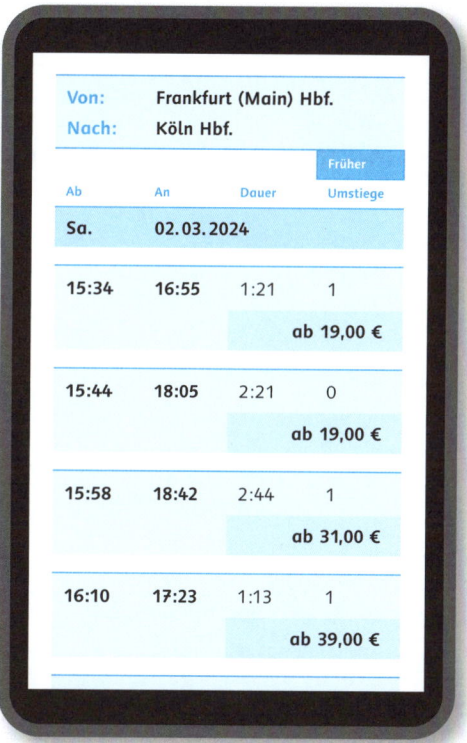

Von:	Frankfurt (Main) Hbf.		
Nach:	Köln Hbf.		
			Früher
Ab	An	Dauer	Umstiege
Sa.	02.03.2024		
15:34	16:55	1:21	1
			ab 19,00 €
15:44	18:05	2:21	0
			ab 19,00 €
15:58	18:42	2:44	1
			ab 31,00 €
16:10	17:23	1:13	1
			ab 39,00 €

Hbf. heißt **Hauptbahnhof.**

a) Von welcher Stadt fahren die Züge ab?

b) Wohin geht die Reise?

c) Wann soll die Reise sein? Nenne das Datum.

d) Wann kommt man an, wenn man um 15:44 Uhr startet?

e) Wann kommt man an, wenn man um 15:58 Uhr startet?

f) Welchen Zug muss man nehmen, damit die Reisezeit möglichst kurz ist?

g) Welchen Zug muss man nehmen, wenn man nicht umsteigen will?

Lernportion 5: Texte und Zeichen verstehen

Plenum: die Nutzung digitaler Medien zur Informationsbeschaffung diskutieren
MK: einem digitalen Fahrplan Informationen entnehmen
MK-Tipp: einer App Fahrplaninformationen entnehmen

AH 43

  31

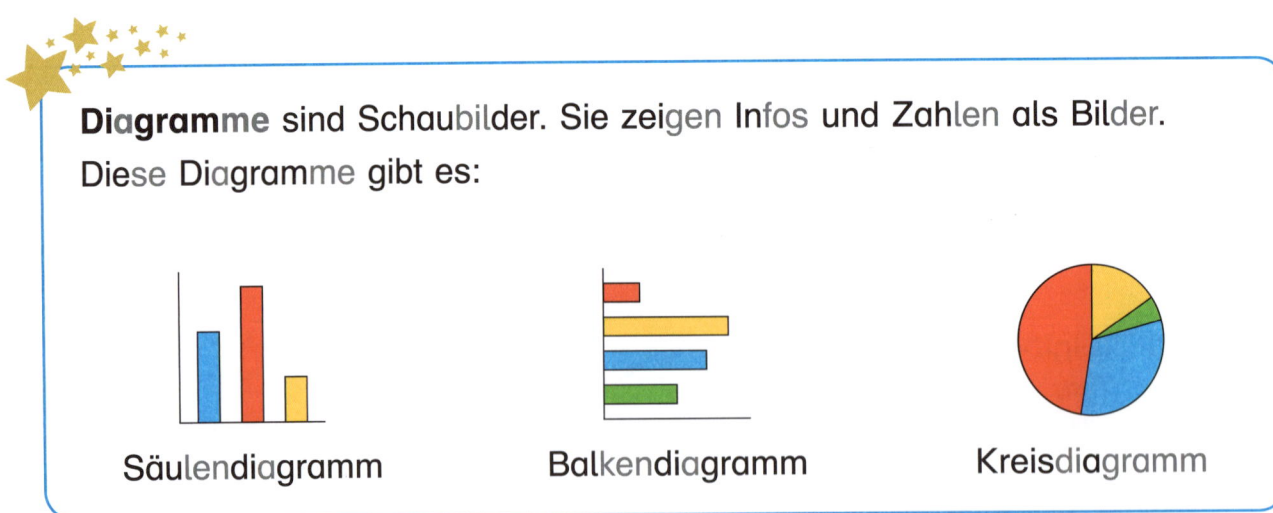

Diagramme sind Schaubilder. Sie zeigen Infos und Zahlen als Bilder.
Diese Diagramme gibt es:

Säulendiagramm   Balkendiagramm   Kreisdiagramm

1   Die Klasse 3a hat Fahrzeuge vor der Schule gezählt und ein Diagramm erstellt.
Notiere die Anzahl der Fahrzeuge.

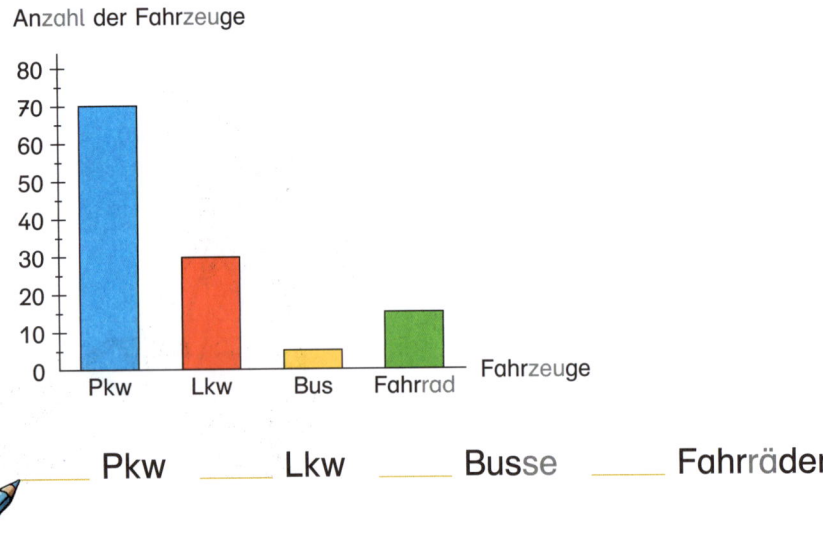

Anzahl der Fahrzeuge

_____ Pkw   _____ Lkw   _____ Busse   _____ Fahrräder

2   Kreuze an, was zum Diagramm in 1 passt.

Das Diagramm zeigt:

○ wie viele Kinder an diesem Tag zu spät zur Schule kamen.

○ wie viele Fahrzeuge an der Schule vorbeifuhren.

○ welche Fahrzeuge an der Schule vorbeifuhren.

○ wie viele Leute zu Fuß vorbeigingen.

○ dass fünf Busse vorbeifuhren.

1 Sieh dir den Prospekt an. Lies die Infos.

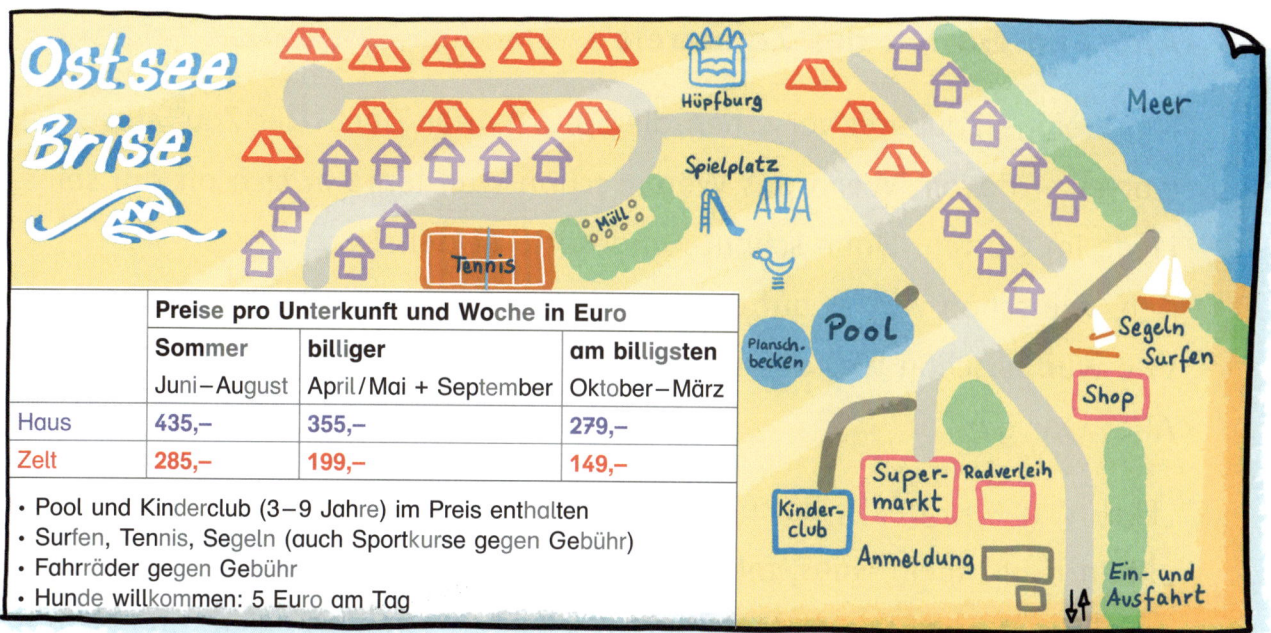

Preise pro Unterkunft und Woche in Euro		
Sommer	**billiger**	**am billigsten**
Juni–August	April/Mai + September	Oktober–März
Haus 435,–	355,–	279,–
Zelt 285,–	199,–	149,–

- Pool und Kinderclub (3–9 Jahre) im Preis enthalten
- Surfen, Tennis, Segeln (auch Sportkurse gegen Gebühr)
- Fahrräder gegen Gebühr
- Hunde willkommen: 5 Euro am Tag

2 Beantworte die Fragen.

a) Wie viele Zelte ⬣ und Häuser ⌂ gibt es?

   13 Zelte und

b) Für welche Angebote muss man zusätzlich eine Gebühr bezahlen?

c) Familie Kuzu bucht für zwei Wochen im August ein Haus.

   Was kostet das?

d) Was kostet eine Woche im Zelt im Mai?

e) In welchen Monaten ist es am billigsten?

(1) Lies den Text mehrmals.

Ärger im Garten des Zauberers

1 Nur wenige Zauberer verstehen die Sprache der Tiere. Der Zauberer Huck war einer davon. Wenn das Wetter schön war, legte er sich oft auf seine Liege im Garten. Dann schaute und hörte er den Tieren zu.

Ach, wie schön war es auf der Liege! Wie schön war die Ruhe im Garten!

5 Wie wunderschön war das Leben! Die Blumen blühten in allen Farben. Alles war gut.

„Das ist mein Haus!", hörte der Zauberer eines Tages eine Meise schimpfen. „Mein Haus, mein Haus, mein Haus!" „Wie laut doch so eine kleine Meise sein kann!", dachte der Zauberer Huck und er wunderte sich. Immer lauter

10 wurde die kleine Meise. Sie brüllte zornig: „Nun geh endlich weg! Du frecher Pups-Vogel! Hier will ich mein Nest bauen! Geh raus aus meinem Haus! So eine Frechheit!" Und die Meise flatterte mit den Flügeln und stampfte mit ihren kleinen Füßen. Sie war sehr wütend auf den anderen Vogel, der, ohne zu fragen, in ihr Haus gekommen war.

15 Das Eichhörnchen auf dem Baum war sauer. Es rief laut: „Hey, leise da unten! Was soll denn das Gebrüll! Ruhe, sofort Ruhe! Was soll denn das Geschrei?"

(2) Unterstreiche in **(1)** alle Stellen, die zeigen, dass die Meise und das Eichhörnchen wütend sind.

(3) Lies den Text aus **(1)** einem Kind vor. Lies dabei den blauen Text sanft, den roten Text wütend.

Lernportion 6: Gedanken zu Texten entwickeln

Plenum: einen erzählenden Text ausdrucksvoll vortragen und sich gegenseitig wertschätzende Rückmeldungen zum Vortrag geben

34

AH 48, 49

④ So geht es weiter.
Übe, den Text zu lesen.

Da hörte man auf einmal eine leise Stimme aus
dem Kasten, in dem die Meise ihr Nest bauen wollte.

20 Sie wimmerte: „Aber ich brauche doch auch einen
Kasten, in dem ich mein Nest bauen kann! Ich suche
schon so lange! Es gibt gar keine schönen Kästen in
den Gärten mehr. Wo soll ich denn hin?"
Und nochmals hörte man die Stimme fragen:

25 „Wo soll ich denn hin? Ich suche doch nur ein schönes
Zuhause! Ich möchte auch ein Nest bauen!"

„Quark und Quirl und Mäusespeck!", rief da der Zauberer
verwundert. „Nicht genug Kästen? So kann es nicht bleiben!"
Und er sprang von seiner Liege und lief in seinen Keller.

30 Er wollte etwas zaubern, mehr Kästen für die Vögel.
Denn er verstand nicht nur die Sprache der Tiere, sondern
der Zauberer Huck war wirklich ein guter Zauberer. Und so
nahm er sein Zauberbuch und sagte laut:

„Maus und Haus und schwarze Laus,
35   jeder Vogel kriegt ein Haus,
    Streit im Garten ist nun aus!"

Und so kam wirklich die Ruhe in den Garten zurück.
Wie gut, dass der Zauberer die Tiere verstehen und ihnen
schnell helfen konnte.

 ⑤ Lies auch den Text aus ④ einem Kind betont vor.
Achte auf die traurige Stimme.

Lernportion 6: Gedanken zu Texten entwickeln
MK-Tipp: einen Textausschnitt vorlesen und aufnehmen

1 Lies den Text mehrmals.

Top Bob, ein Hund und Retter

1 Es ist gar nicht so leicht, Bob zu sein.
Oder genauer gesagt: Top Bob.
Denn das ist mein Spitzname.
So nennen mich meine Freunde Zita,
5 Nero und Skipper.
Heute früh ist auch wieder so einiges passiert.
„Passt du auch gut aufs Haus auf?", fragt Frau Drill.
Jeden Tag das Gleiche! Was soll diese Frage?
Ihr habt doch selbst ein Schild im Garten aufgestellt!
10 **Hier wache ich!**, steht darüber.
Was glauben die eigentlich, was ich die ganze Zeit mache?
Immer nur ein bisschen auf einem Knochen herumkauen?
Aber jetzt fresse ich erst meinen Futternapf leer.
Und dann beginne ich mit meiner Arbeit als Wachhund. ◇

2 Vermutet, wie Top Bob als Wachhund arbeiten könnte.

3 Lest abwechselnd Satz für Satz, wie Top Bobs Tag weitergeht.

15 „Bei den Nachbarn stimmt was nicht", kläfft Zita. |
„Skipper steckt in Schwierigkeiten. |
Ein Eindringling ist bei ihm im Haus." |
Skipper braucht Hilfe! | Aber wie komme ich dorthin? |
Zum Glück bin ich Top Bob, der Hund und Retter. |
20 Mit Anlauf springe ich auf eine Mülltonne. |
Ich hänge mit zwei Pfoten am Zaun. |
Was man als Held nicht alles können muss! |
Ich springe von dem Zaun hinunter und betrete die Küche. |
Überall Unordnung. | Aber wo ist Skipper? |
25 Irgendwo oben klingt ein Fiepen. |
Die Tür ist mit einem Stuhl versperrt. ◇

4 Vermutet, was mit Skipper passiert sein könnte.

(1) So geht es weiter.
Übe, den Text zu lesen.

1 „Keine Panik!", belle ich.

„Hier ist Top Bob! Dein Retter in der Not!"

Mit der Nase schiebe ich den Stuhl beiseite.

Die Tür fliegt auf.

5 Skipper steht vor mir. Er zittert am ganzen Leib.

Seine kurzen Beinchen, der Schwanz, Ohren und Nase.

„Ist ja schon gut, Skipper", sage ich.

„Die Gefahr ist weg. Ich habe den Gauner verjagt.

Der kommt nie mehr wieder", flunkere ich.

10 „D-d-d-danke schön", antwortet Skipper stotternd.

„T-t-t-top Bob, du hast mich gerettet."

„Ich bin dein Hund und Retter", will ich sagen.

Aber ich sage nichts, denn ich möchte nicht angeben.

Wir laufen durchs Haus.

15 „Wurde viel gestohlen?", frage ich.

Skipper schüttelt den Kopf.

„Meine Menschen lachen immer über deine.

Über das Schild mit dem Wachhund im Garten.

‚Bei uns gibt es nichts zu holen', sagen sie dann.

20 ‚Wir brauchen keinen Wachhund.'

Was ja auch stimmt, denn sie haben ja mich!"

Skipper schaut mich lieb an.

„Stimmt", sage ich, „und sonst haben sie ja auch noch mich!" ◇

Harmen van Straaten

> Achte beim Lesen auf die Gefühle der beiden Hunde.

 (2) Lies den Text aus (1) einem Kind vor.

Lernportion 6: Gedanken zu Texten entwickeln

Plenum: einen erzählenden Text ausdrucksvoll vortragen und sich gegenseitig wertschätzende Rückmeldungen zum Vortrag geben

 37

(1) Lies den Text.

Mein Freund Ringo

1 Seit Tim in die dritte Klasse geht, fährt er jeden Morgen
mit der S-Bahn zur Schule. Seine Eltern haben keine Zeit,
ihn hinzubringen, denn sie arbeiten beide – der Vater in
einer anderen Stadt, die Mutter zu Hause am Computer.

5 Und so sitzt er jeden Morgen an seinem Fensterplatz und
schaut in die vorbeifliegende Landschaft hinaus.
Bis wenige Tage vor Weihnachten war die S-Bahn-Fahrerei für Tim noch
spannender. Da freute er sich jeden Morgen auf die Station Sportfeld.
Denn dort stieg Ringo in den Zug. Ringo war Tims Freund,

10 obwohl er schon längst erwachsen war.
Ringo rasierte sich selten und machte sich nie besonders fein.
Das hätte zu einem Straßenmusikanten auch gar nicht gepasst.
Und zu dem großen, schon sehr abgewetzten Koffer, den Ringo immer
mit sich herumschleppte, auch nicht.

15 Als Straßenmusikant hatte er es nicht leicht. Viele Leute gingen
einfach an ihm vorüber, andere guckten ihn an, als würden sie ihn
am liebsten einsperren lassen. Nur wenige warfen ihm eine Münze
in den Koffer. Dabei war Ringo doch ein richtiger Künstler.
Wer stehen blieb und ihm, dem Kurti und der Sophie zuhörte und

20 zuschaute, bekam gleich gute Laune. Wer Kurti und Sophie waren?
Ringos Mitspieler. Zwei Marionetten. Sie schliefen in Ringos Koffer.
Weshalb Ringo nur Ringo gerufen wurde? Weil er an jedem Finger und
in jedem Ohr einen Ring trug.
Tim liebte Ringos Vorstellungen. Jedes Mal, wenn er aus

25 der Schule kam, guckte er Kurti und Sophie ein Weilchen zu.
Und hörte er Leute schimpfen, zeigte er ihnen heimlich einen Vogel. ◇

Klaus Kordon

2 Besprecht den Text aus ① in einer Lesekonferenz.

a Stellt **W-Fragen** zum Text und beantwortet sie.

> **Warum** fährt Tim mit der S-Bahn zur Schule?

> **Wo** arbeiten Tims Eltern?

> **Was** hat Ringo immer dabei?

> **Wer** sind Kurti und Sophie?

> …

W-Fragen sind:
Wer …?
Was …?
Wann …?
Wo …?
Warum …?
Wie …?

b Besprecht, warum Ringo es nicht leicht hat.

Vielleicht hat Ringo es nicht leicht, weil …

Ich denke, dass …

In Zeile … steht, dass …

c Manche Leute schimpfen über Ringo.
Wie findet ihr das? Begründet.

3 Welche Stelle aus ① gefällt dir gut?
Lies sie den anderen Kindern vor.

4 Besprecht:
– Hat euch der Text gefallen?
– Würdet ihr das ganze Buch lesen?

Lernportion 6: Gedanken zu Texten entwickeln

1 Übe mehrmals, das Gespräch zu lesen.

1 Es ist ein trüber Tag. Ziege frühstückt gerade.

Schaf starrt auf den Boden.

Es scharrt mit einem Vorderhuf im Gras.

„Was tust du?", fragt Ziege.

5 „Ich suche das Glück", antwortet Schaf.

„Das lass mal lieber bleiben, Schaf. Das ist völlig überflüssig."

Schaf hebt den Kopf.

„Aber ich kann es nicht finden."

„Natürlich nicht", sagt Ziege. „Gib dir keine Mühe, Schaf.

10 Wenn, dann sucht das Glück nach dir."

Schaf schaut Ziege ernst ins Gesicht.

„Und was, wenn das Glück mich nicht findet?"

„Das Glück findet dich", sagt Ziege. ◇

Marleen Westera

2 Lest das Gespräch mit verteilten Rollen.

3 Sprecht über den Text aus **1**.

a) Worüber reden Schaf und Ziege?

b) Wie könnte es weitergehen?

c) Was macht euch glücklich?

Mich macht es glücklich, euch Tipps zu geben.

Lernportion 6: Gedanken zu Texten entwickeln

In der Bücherei ordnet man die Bücher und Medien nach Themen und den Nachnamen der Autoren. Dabei nutzt man das Alphabet.
Auf den Büchern stehen oft Abkürzungen (**Signaturen**).
Gru-Hach = **Gru**selgeschichten von Frau **Hach**

① Ergänze das Alphabet.

A **B** C D ___ F ___ H I ___ ___ L ___ ___ ___ P

Qu ___ S ___ U ___ W ___ ___

② Ordne die Bücher nach den Nachnamen der Autoren.

1 Gru – Arold

2 Gru – D

3 _____

4 _____

5 _____

6 _____

7 _____

Die **Inhaltsangabe** auf der Rückseite eines Buches heißt **Klappentext**.

(1) Sieh dir die Bücher an.

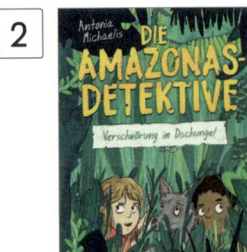

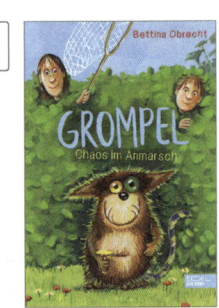

(2) Lies die Klappentexte auf den Seiten 42 und 43.

Mitten in der Nacht schreckt Flo aus dem Schlaf hoch. Vor ihm steht ein Mädchen und fragt nach einem Milchzahn. Moment mal!
Sie will einen Zahn von ihm? Ist das die Zahnfee? Aber die gibt es doch gar nicht.
Mit ihrem Umhang und der blassen Haut sieht sie auch eher aus wie ein ... Ach, du nachtschwarze Zwölf, ein Vampir!

A

Stinksauer wartet Ada im vollgepackten Umzugswagen auf ihre Eltern, als plötzlich ein Schaf mit Nasenring und Leopardenmuster den Transporter (samt Ada) kapert. Lilli, das Schaf, will Hühner aus der Hühnerfabrik befreien! Völlig verrückt. So beginnt für die beiden ein rasant komisches Abenteuer voller Überraschungen. ◇

A

Bei Nils' Großeltern geht es neuerdings nicht mit rechten Dingen zu: Statt leckerem Kuchen gibt es angebrannte Bratkartoffeln, Dinge verschwinden und überall stapelt sich Dosensuppe.
Die „Forschungsgruppe Erbsensuppe" untersucht den Fall mit Witz und Verstand. ◇ M

Der Straßenjunge Pablo lebt allein in einer alten Ruine in der Großstadt Manaus.
Eines Tages verschwindet sein Freund, der Student Miguel.
Als Pablo einen Hilferuf erhält, ist klar: Er wird in den dichten Dschungel hinausfahren, um Miguel zu finden. ◇ A

Milla und Matti sind ganz aufgeregt, als sie entdecken, was sich in ihrem Garten versteckt hat. Ein … Ähm ja, was ist es eigentlich?
Auf jeden Fall ein Tier! Oder doch ein Fantasiewesen?
Selbst Papa ist sich nicht ganz sicher, und der ist immerhin ein erfahrener Zoologe.
Grompel, so nennen die Kinder das Wesen, sorgt für jede Menge Chaos in der Familie. ◇ R

Omar ist ein wahrer Experte für Ärger, denn das Pech scheint ihn zu verfolgen.
Dieses Buch beinhaltet:
• Eine neue Schule
• Eine echt gemeine Nachbarin
• Eine fiese große Schwester und einen nervigen kleinen Bruder
• Einen Drachen und einen Zombie
• Und ganz viel Ärger … ◇ L

Beim Stöbern auf dem Dachboden seiner Großeltern entdeckt Alex eine verborgene Tür. Nachdem er sie öffnet, ist nichts mehr wie zuvor.
Er findet eine Zauberkugel mit einem Kugelgeist darin und der kennt auch noch Alex' verschollenen Großvater!
Alex kann sein Glück kaum fassen.
Doch das ändert sich schnell … U

Seit Familie Pittel sich einen „Ratz-Fatz-x-weg 23" angeschafft hat, erkennen Laura und Robert ihre Mutter nicht wieder. Wie besessen saugt sie mit dem Superstaubsauger alles weg, was ihr vor die Nase kommt.
Was ist nur mit ihr los? ◇ P

③ Ordne jedem Buch den Klappentext zu.

Lösung: ein Autor

| 1 | 2 | 3 | 4 | | 5 | 6 | 7 | 8 |

P

④ Besprecht, welche der Bücher aus ① ihr gern lesen würdet. Begründet.

Lernportion 7: Bücher kennenlernen

Plenum: sich darüber austauschen, welches der vorgestellten Bücher man gern lesen würde
MK-Tipp: einen Klappentext am Computer gestalten

43

So bekommst du einen **ersten Eindruck** von einem Buch:

1. Sieh dir das **Cover** mit dem Titelbild an.
2. Lies den **Klappentext** auf der Rückseite des Buches.
3. Blättere im Buch und sieh dir die **Bilder** an.
4. Lies ein paar Sätze auf verschiedenen Seiten.

(1) Sieh dir das Cover an.

Lies den Klappentext.

Cover

Autorin

Titel

Titelbild

Illustratorin

Verlag

Klappentext

Helsin ist eigentlich immer gut gelaunt.
Bis auf die Momente, wo ihr etwas nicht passt. Da bekommt sie einen
Spinner und tobt wie ein kleines Rumpelstilzchen.
Wie an dem Tag, als Louis neu in die Klasse kommt, dieses „Helsin,
Apelsin" in ihr Ohr murmelt und sie ihm auf die Nase haut.
So fängt alles an ...

 (2) Besprecht, ob ihr das Buch aus (1) gern lesen würdet. Begründet.

1 Lies den Text aus dem Buch „Helsin Apelsin und der Spinner".

Helsin ist ein sehr fröhliches Mädchen. Allerdings hat sie auch viel mehr Energie als andere Menschen. Diese Extra-Energie ist schuld daran, dass Helsins Adleraugen so genau sehen. Und daran, dass ihre Beine dauernd hüpfen wie ein Flummi.

Manchmal allerdings, da kocht die Energie über und spült eine rasende rote Welle in Helsins Körper hoch, und dann sieht und hört und riecht und schmeckt Helsin nichts anderes mehr als FEUERROT. Ihr ganzer Körper kribbelt von den Beinen bis in die Haarspitzen, die Nasenspitze zittert wie eine Autoantenne bei 200 Stundenkilometern, und die rote Kribbelwelle wird immer gewaltiger, bis sie überschwappt: schwupp, raus aus Helsin, und zack! hinein in die Welt. Und das, was dann kommt, das nennen alle nur den „Spinner". Und genau so war das jetzt auch.

In einer Zwölftelsekunde war Helsin aufgesprungen, als sie dieses „Helsin, Apelsin, Apfelsine" hörte, und der Stuhl kippte hinter ihr um: kataplom!

Ihre Nasenspitze zitterte, ihre Haare standen in alle Richtungen und ihre schwarzen Augen sprühten Funken.

„Washastdugesagt-washastdugesagt", zischte Helsin und schwang dabei die rechte Faust über ihrem Kopf. In der nächsten Sekunde krachte die Faust runter. „Mist", murmelte Helsin, und dann: „Ähm. Schuldigung." ◇

Stefanie Höfler

 2 Besprecht: Habt ihr so etwas wie in ① auch schon erlebt?

Lernportion 7: Bücher kennenlernen

So stellst du ein Buch vor:

1. Nenne zuerst **Autor** oder **Autorin** und den **Titel.**
2. **Begründe,** warum du dieses Buch ausgewählt hast.
3. **Erkläre,** worum es in dem Buch geht. Stelle wichtige Figuren vor.
4. **Lies etwas vor:** Das kann der Anfang, eine lustige oder eine spannende Stelle sein.
   Erkläre vorher, warum du diese Stelle ausgesucht hast.
5. **Beantworte Fragen** der anderen Kinder.

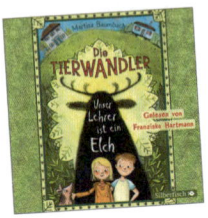

(1) Nummeriere die vier Teile der
Buchvorstellung in der richtigen Reihenfolge.

> Ich lese euch eine Stelle vor, in der die Kinder zum ersten Mal ihre neue Sport-AG haben: „Ihr seid hier, weil jeder von euch eine ganz besondere Begabung hat ..." Weiter kam er nicht, denn da drang lautes Schnarchen durch die Turnhalle. Herr Olsson hob entschuldigend die Hände. „Das ist Melusine", erklärte er und deutete in den Geräteraum. Mitten auf einem Haufen Medizinbälle lag das Zwergschwein und schlief tief und fest. ◈

> Mein Lieblingsbuch ist „Die Tierwandler – Unser Lehrer ist ein Elch" von Martina Baumbach. Ich mag es, weil es lustig ist.

> Die Handlung meines Buches spielt in einer Schule. Dort gibt es die AG „Sport für besondere Talente". Alle Kinder sind Tierwandler. Finn und Merle möchten wissen, in welches Tier sie sich verwandeln können und wie es ist, mit Tieren zu sprechen.

> Wollt ihr noch etwas wissen?

Lernportion 7: Bücher kennenlernen

Plenum: sich gegenseitig Lieblingsbücher vorstellen; sich gegenseitig wertschätzende Rückmeldungen zum Vortrag geben
MK-Tipp: Buch und Hörbuch miteinander vergleichen

46

Wenn du ein **Buch vorstellen** willst, kannst du alle Infos auf **Karteikarten** oder auf einer **Klappkarte** aufschreiben.

 ① Sieh dir das Bild und die Klappkarte an. Lies sie mit einem Kind.

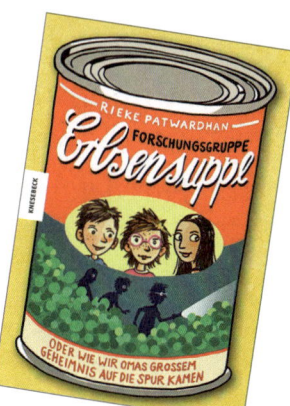

FORSCHUNGSGRUPPE ERBSENSUPPE

Autorin: Rieke Patwardhan
Verlag: Knesebeck
Illustratorin: Regina Kehn

Das gefällt mir:
- die Bilder
- dass die Familie von Nils so nett ist
- dass man etwas über früher erfährt (Omas Geheimnis)

Meine Lieblingsstelle:
Das Kapitel „Endlich ein Fall" (Seite 70-78), in dem Nils, Evi und Lina eine neue Bande gründen.

INHALT

Alle Kinder aus der Klasse sind in einer Bande. Nur Nils und Evi nicht. Deshalb gründen sie eine eigene Bande. Später wird auch Lina in die Bande aufgenommen. Sie ist mit ihrem Papa aus Syrien geflüchtet und neu in der Klasse. Lina ist eine richtig gute Detektivin. Das ist gut, denn die Bande muss einen kniffligen Fall lösen. Die Kinder müssen nämlich herausfinden, warum die Oma von Nils auf einmal so komisch ist und ganz viel Erbsensuppe kauft.

② Gestalte eine Klappkarte zu deinem Lieblingsbuch.

 ③ Stelle deine Klappkarte und dein Buch vor.
Beachte die Infos von Seite 46.

Lernportion 7: Bücher kennenlernen

Plenum: sich gegenseitig wertschätzende Rückmeldungen zum Vortrag geben
MK-Tipp: eine Klappkarte am Computer gestalten

> **Sachbücher** befassen sich mit Geschichte, Technik oder
> Naturwissenschaften. Sie erklären viele Dinge und vermitteln Wissen.

① Lies die Texte aus einem Sachbuch.

Ameenah Gurib-Fakim

(sprich: Amina Gurib Fakim)
Präsidentin und Wissenschaftlerin

1   In Mauritius, einem Inselstaat im
    Indischen Ozean, lebte einmal
    ein Mädchen, das alles über Pflanzen
    wissen wollte. Ihr Name war Ameenah.
5   Ameenah studierte Chemie und wandte sich nach ihrem
    Abschluss dem Thema Biodiversität zu. Sie analysierte
    Hunderte von Heilkräutern und anderen Pflanzen und
    untersuchte deren Eigenschaften.
    Sie reiste aufs Land und lernte von traditionellen Heilern,
10 wie sie Pflanzen in ihren Ritualen einsetzten.
    Ameenah stellte sich Pflanzen als lebende Biologielabore vor,
    voller lebenswichtiger Informationen für Menschen,
    aber auch für jede andere Spezies.
    „Mit jedem Wald, der abgeholzt wird, verlieren wir ein solches
15 Laboratorium. Eins, das wir niemals zurückgewinnen können."
    2015 wurde Ameenah Gurib-Fakim zur Präsidentin ihres Landes
    gewählt. Tag für Tag setzt sie sich für die Bewohner von Mauritius
    ein – für die Menschen, die Tiere und die Pflanzen. ◇

Elena Favilli und Francesca Cavallo

Sylvia Earle
(sprich: Silwia Örl)
Meeresbiologin

1 Es war einmal eine junge Wissenschaftlerin
namens Sylvia, die am liebsten nachts tauchte,
wenn das Meer völlig dunkel ist und man den
Fischen nicht ansieht, ob sie schlafen oder
5 wach sind. „Nachts sieht man viele Fische,
die man tagsüber nicht sehen kann", sagte sie.
Eines Nachts trug Sylvia einen speziellen weißgrauen Anzug, ähnlich
einem Raumanzug von Astronauten. Dazu gehörte ein riesiger Helm
mit vier runden Fenstern zum Hinausschauen.
10 Damit tauchte Sylvia fast 400 Meter tief – tiefer als
je ein Mensch vor ihr ohne Rettungsleine.
„Ohne das Meer", erklärte Sylvia, „gäbe es kein Leben
auf der Erde. Keine Menschen, keine Tiere, keinen Sauerstoff,
keine Pflanzen. Wenn wir das Meer nicht kennen, können wir
15 es auch nicht lieben. Wir müssen die Meere schützen." ◇

Elena Favilli und Francesca Cavallo

 ② Besprecht, was die beiden Frauen aus ① besonders macht.

Ameenah erforschte ...

Sylvia war sehr mutig, weil ...

Beide Frauen lieben ...

① Gestalte eine Leserolle zu einem Buch.

Eine Leserolle basteln

Das brauchst du:
- weiße Blätter (DIN-A4)
- eine Rolle aus Pappe
- Kleber
- Stifte
- Deko für die Rolle

So geht es:

Bearbeite einige der Vorschläge aus der Liste.
Für jeden Vorschlag nutzt du ein Blatt.
Klebe aus den Blättern einen langen Streifen zusammen.
Bemale oder beklebe deine Rolle aus Pappe.
Rolle den Streifen zusammen und stecke ihn in die Rolle.
Fertig!

Vorschläge für die Leserolle:
- Male ein Bild zum Buch.
- Schreibe einen Steckbrief zum Buch.
- Schreibe, warum das Buch gut ist.
- Male ein Bild zu deiner Lieblingsstelle.
- Schreibe eine Stelle ab, die dir gut gefallen hat.
- Male eine Figur.
- Schreibe einen Steckbrief zu einer Figur.
- Schreibe einer Figur aus dem Buch einen Brief.

GROMPEL
Leserolle von Mia Gast

STECKBRIEF
Titel: Grompel - Chaos im Anmarsch
Autorin: Bettina Obrecht
Verlag: Edel Kids Books
Darum geht es: Milla und Matti finden im Garten ein Fantasiewesen. Sie nennen es Grompel. Grompel richtet überall ganz viel Chaos an.

LIEBLINGSFIGUR

zwei Hörner
bunte Augen
scharfe Zähne
struppiges Fell

Grompel

POST FÜR MATTI

BEWERTUNG

Mir gefällt das Buch sehr gut, weil es sehr lustig ist. Das Grompel

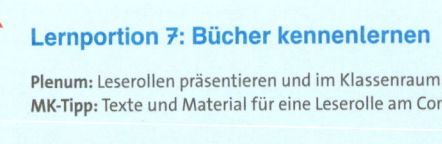

Lernportion 7: Bücher kennenlernen

Plenum: Leserollen präsentieren und im Klassenraum ausstellen
MK-Tipp: Texte und Material für eine Leserolle am Computer gestalten

D 43

50

AH 55

Gedichte haben oft **Strophen**. Die Zeilen nennt man **Verse**.
Manchmal **reimen** sich Verse am Ende.

Strophe
Vers Manche Gedichte sind winzig <u>klein</u>,
Vers können kleiner als Ameisen <u>sein</u>.
Reim

Georg Bydlinski

---

1 Lies das Gedicht. Unterstreiche die Reime.

Was man nicht zählen kann

Die Wassertropfen
und die weißen Flocken.

Blumen, die eine Wiese <u>be</u>decken,
und nach dem Regen die Schnecken.

In den Bäumen die Spatzen
und in Rom die Katzen.

Sterne, die vom Himmel fallen,
und im Meer die Muscheln und Korallen.

Max Bolliger

2 Notiere die Antworten zum Gedicht aus ①.

a) Wie lautet die Überschrift?

b) Wie heißt der Autor?

c) Wie viele Strophen und Verse hat das Gedicht? _____ Strophen _____ Verse

① Nummeriert die Strophen in der richtigen Reihenfolge. Die Bilder helfen euch.

Das Samenkorn

_____ Die Amsel hat das Nest erbaut;
dort sitzt sie nun und zwitschert laut.

 _____ Aus Mitleid hat sie es verschont
und wurde dafür reich belohnt.

_____ Jetzt ist es schon ein hoher Baum
und trägt ein Nest aus weichem Flaum[1].

_____ Das Korn, das auf der Erde lag,
das wuchs und wuchs von Tag zu Tag.

1 Ein Samenkorn lag auf dem Rücken,
die Amsel wollte es zerpicken.

Joachim Ringelnatz

[1]Flaum: weiche Federn

② Übe mehrmals, das Gedicht aus ① zu lesen.

③ Lies das Gedicht aus ① einem Kind vor.

① Lies das Gedicht mehrmals.

Die Schnecke im Winter

Naht der Winter,
geh ich ins Haus,
mache die Türe zu,
Winter, bleib drauß!

Zu ist die Türe.
Komme, wer will:
Ich bin zu sprechen
erst im April.

Josef Guggenmos

So lernst du das Gedicht Schritt für Schritt auswendig.

② Decke das Gedicht aus ① ab.

- Lies das Gedicht im ersten Kasten. Ergänze beim Lesen die fehlenden Wörter. Decke den ersten Kasten ab.
- Lies das Gedicht im zweiten Kasten.
  Ergänze die fehlenden Wörter. Decke den zweiten Kasten ab.
- Lies das Gedicht im dritten Kasten. Ergänze die fehlenden Wörter.
- Versuche nun, das Gedicht auswendig zu sprechen.

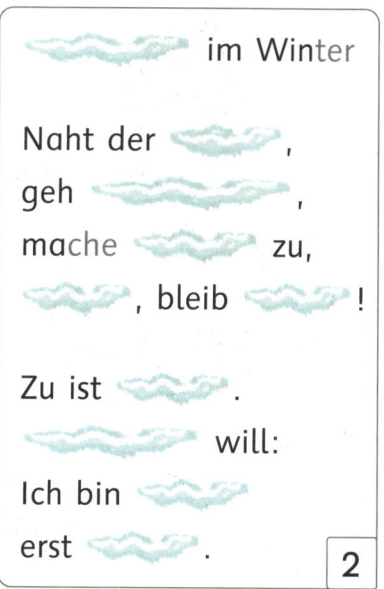
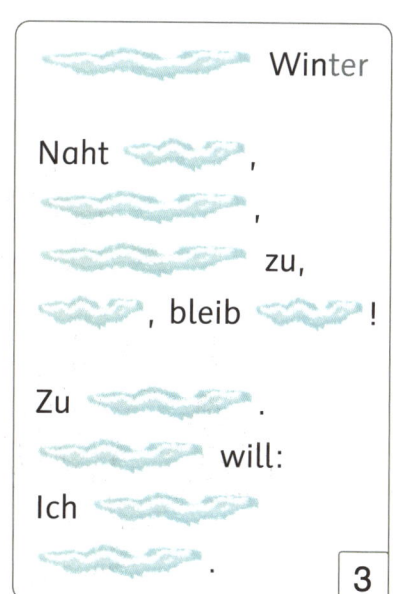

Die ～～ im Winter

Naht der Winter,
geh ich ins ～～,
mache die ～～ zu,
～～, bleib drauß!

Zu ist die ～～.
～～, wer will:
Ich bin zu ～～
erst im ～～. **1**

～～ im Winter

Naht der ～～,
geh ～～,
mache ～～ zu,
～～, bleib ～～!

Zu ist ～～.
～～ will:
Ich bin ～～
erst ～～. **2**

～～ Winter

Naht ～～,
～～,
～～ zu,
～～, bleib ～～!

Zu ～～.
～～ will:
Ich ～～
～～. **3**

① Lies das Gedicht.

Wolken schauen

1 Diese Wolke, kommt mir vor,
ist ein riesengroßes Ohr –
es treibt vorbei und horcht und lauscht,
was wohl der Wind beim Wehen rauscht.

5 Diese Wolke, zweifelsfrei,
ist ein weißer Papagei.
Sein krummer Schnabel öffnet sich –
und dann gähnt er fürchterlich. ◇

Georg Bydlinski

Ich will auch nach Wolken schauen!

② Beschreibe selbst eine Wolke.
Die Beispiele auf den Karten können dir helfen.

| sieht aus wie … | kommt mir vor wie … |

| hat außerdem … | treibt vorbei und … |

Heft 4, S. 54 ②
Ich liege im Gras.
Da sehe ich eine Wolke.
Sie sieht aus wie …

✋ ③

① Lies das Gedicht **mehr**mals leise.

② Lest das Gedicht aus ① betont vor. Sprecht schnell oder langsam, laut oder leise. Macht kleine Pausen bei //.

③ Suche dir zwei Kinder. Findet Geräusche für Donner, Regen und Blitz.

④ Überlegt, wer welchen Teil des Gedichts vorträgt. Übt gemeinsam das Lesen und die passenden Geräusche.

⑤ Tragt das Gedicht gut betont mit Geräuschen vor.

Donner rollen

Blitze tollen

…

Gewitter

Der Himmel ist blau

Der Himmel wird grau //

Wind fegt herbei

Vogelgeschrei //

Blitze tollen

Donner rollen

Es plitschert und platscht

Es trommelt und klatscht

Es rauscht und klopft

Es braust und tropft //

Eine Stund lang

Herrlich bang //

Dann Donner schon fern

Kaum noch zu hör'n //

Regen ganz fein

Luft frisch und rein //

Himmel noch grau

Himmel bald blau!

Erwin Moser

Lernportion 8: Mit Gedichten umgehen

Plenum: gemeinsam Gestaltungsmöglichkeiten für einen Gedichtvortrag überlegen, den Vortrag mit Instrumenten begleiten, sich gegenseitig wertschätzende Rückmeldungen geben
MK-Tipp: ein Geräuschegedicht aufnehmen

D 44, 45 **55**

Themenheft 4
Lesen – mit Texten und weiteren Medien umgehen

Herausgegeben von: Roland Bauer, Jutta Maurach

Erarbeitet von: Wiebke Gerstenmaier, Sonja Grimm, Martina Schramm
in Zusammenarbeit mit der Redaktion Grundschule Deutsch 2–4

Begutachtung: Astrid Dittberner (Niedersachsen), Susanne Gatniejewski (Sachsen)

Redaktion: Kristina Fischer, Sabine Gerber, Milena Lemke

Illustration: Yo Rühmer, Frankfurt am Main

Umschlag: Cornelia Gründer, Corngreen GmbH, Leipzig (Gestaltung);
Yo Rühmer, Frankfurt am Main (Illustration)

Layout: lernsatz.de

Technische Umsetzung: Corngreen GmbH, Leipzig

www.cornelsen.de

1. Auflage, 1. Druck 2025

Alle Drucke dieser Auflage sind inhaltlich unverändert
und können im Unterricht nebeneinander verwendet werden.

© 2025 Cornelsen Verlag GmbH, Mecklenburgische Str. 53, 14197 Berlin, E-Mail: service@cornelsen.de

Druck: Athesiadruck GmbH, Bozen

ISBN 978-3-464-81376-8 (Themenheft 4 leicht gemacht, Verbrauchsmaterial)

PEFC-zertifiziert
Dieses Produkt
stammt aus
nachhaltig
bewirtschafteten
Wäldern und
kontrollierten Quellen
PEFC/18-31-166   www.pefc.de